I0234183

LE NOUVEAU MARIÉ,

OU

LES IMPORTUNS,

OPÉRA-COMIQUE

EN UN ACTE;

Repréfenté pour la premiere fois par les Comédiens Italiens ordinaires du Roi, le 20 Septembre 1770.

Les paroles font de Monfieur de CAILHAVA.

La Mufique de Monfieur BACCELLI.

———————————————

Le prix eft de 24 fols.

———————————————

A PARIS,

Chez la Veuve DUCHESNE, Libraire, rue Saint-Jacques, au-deffous de la Fontaine S. Benoit, au Temple du Goût.

———————————————

M. DCC. LXX.

Avec Approbation & Privilége du Roi.

ACTEURS.

Monſieur SIMON, vieux Gar-
çon, Oncle de Clitandre.   *M. Cailleau.*

M. LE BAILLI, Pere d'Iſa-
belle.   *M. Laruette.*

LA FEMME DU BAILLI,
Mere d'Iſabelle.   *Mde Berard.*

ISABELLE.   *Madame Trial.*

CLITANDRE.   *M. Clairval.*

SUZON, Domeſtique.   *Mde Boulingrain.*

JEANNOT, Domeſtique.   *M. Trial.*

LE MAGISTER.   *M. Soanin.*

LE NOTAIRE.   *M. Touvoi.*

LE CHIRURGIEN.   *M. Debroces.*

La Scène eſt dans la Maiſon du Bailli.

LE NOUVEAU MARIÉ,

O U

LES IMPORTUNS,

OPÉRA-COMIQUE.

SCENE PREMIERE.

LE BAILLI, SA FEMME, CLITAN-
DRE, ISABELLE, LE NOTAIRE,
LE MAGISTER, LE CHIRURGIEN,
font à table ; SUZON, JEANNOT,
*font debout, & fervent en mangeant &
en buvant en cachette.*

A I R.

TOUS LES CONVIVES.

LE vin eft bon ; il faut en boire
Jufqu'à perdre la mémoire,

A ij

Mes chers amis, buvons tous,
A la santé des Époux,
A la santé des Époux.

CLITANDRE.

Messieurs, Messieurs, je vous ai beaucoup d'obligation : Monsieur le Notaire a passé mon Contrat de Mariage ; Monsieur le Magister, Monsieur le Chirurgien ont servi de témoins : vous buvez à ma santé très-souvent & de très-bon cœur ; tout cela est au mieux. Mais....... ne vous appercevez-vous pas qu'il est tard ?

LE CHiRURGIEN.

Tard ? il n'est *qué* minuit ! *Sandis* ! l'impatience vous *talonne Monsu lé* marié. Je vous *débine*.

CLITANDRE.

Songez que j'ai les plus grandes précautions à garder pour tenir mon mariage secret ; que je me suis marié sans le consentement de mon oncle, qui voulait me donner une autre femme.

LA FEMME DU BAILLI.

Tiens, tiens, mon gendre, ne me parle pas de ton oncle ; je suis enchantée qu'il ne soit pas de la nôce. Il m'a fait sept à huit malices que je ne lui pardonnerai jamais.

LE BAILLI.

Ma petite famotte a raison : ton oncle est un mauvais plaisant qui n'a jamais que des idées burlesques. Fi! qu'il est ridicule à un campagnard de soixante ans de faire le goguenard, l'espiegle, comme un petit Clerc de Procureur!

CLITANDRE.

Dites-en tout ce qu'il vous plaira ; mais je dois le respecter, parce qu'il m'a tenu lieu de pere ; & je dois le craindre, parce que j'attends de lui toute ma fortune.

LE MAGISTER.

Silentium. Monsieur le Marié me paraît avoir de l'humeur ; &, pour le réjouir, je vais lui réciter un épithalame charmant que j'ai fait en son honneur.

CLITANDRE, *bas.*

Ah l'importun!

LE MAGISTER.

Hymen! Amour!
Réunissez-vous en ce jour ;
Descendez.... descendez... des...cen....dez....

Foin! la fin étoit si belle!... Descen....

CLITANDRE.

N'ayez point d'inquiétude, Monsieur le Magister. Je devine à-peu-près pourquoi vous appellez l'Amour & l'Hymen, je finirai l'épithalame sur ma parole...... Voilà une muse qui m'inspirera mieux que la vôtre.

(*Il veut baiser la main à sa femme : la Baillive l'arrête & l'entraîne hors de table.*)

LA FEMME DU BAILLI.

Oh çà ! mon gendre : il est juste que je te fasse la leçon, ainsi qu'à ma fille.

CLITANDRE.

Grace, grace pour aujourd'hui, ma mere. Demain......

LA FEMME DU BAILLI.

Oh ! mon gendre, point d'impatience. (*Avec la plus grande douceur.*) Je veux qu'Isabelle soit douce, complaisante, prévenante pour son cher mria, qu'elle soit un petit mouton comme sa maman...... (*Avec un ton tout-à-fait aigre.*) Mais, jarnicoton ! je prétends aussi que tu aies de la reconnoissance, que tu ne contredises ma fille en rien & qu'elle foit maitreffe abfolue chez elle. M'entends-tu ?

(*A fa fille.*)

A I R.

Si ton Époux veut contredire,
S'il veut ufurper l'empire
De la maifon :
Ne fais pas l'oifon.
Ne fais pas la belle Dame.
Point de pleurs,
Point de langueurs,
De maux de nerfs, de vapeurs.
Montre-toi maitreffe femme.
Fais la dragon,
Fais le démon,
Fais carillon ;
Remets ton ménage,
A force de tapage,
Sur le bon,
Ton.

CLITANDRE.

Je n'ambitionne pour tout empire que le cœur d'Ifabelle.

ISABELLE.

Et moi, je ne veux régner que fur le tien,

A iv

LA FEMME DU BAILLI.

Ah ! je voudrais bien voir qu'il devint inconstant. Il aurait affaire à moi.

LE BAILLI, *se levant de table.*

Et à moi aussi, je lui ferais voir s'il fait bon se frotter à la Robe.

(*A sa fille.*)

AIR.

Si jamais ,
Insensible à tes attraits ,
Ton époux devient parjure ,
Je lui ferai
Une bonne procédure ,
Où je l'assignerai ,
Où je le sommerai ,
De reprendre
Les sentimens d'un époux tendre ,
Dans quinzaine pour tout délai.

LA FEMME DU BAILLI.

Le beau secret que vous emploiriez-là ! Vous êtes un bête, Monsieur le Bailli.

LE BAILLI.

Ma petite famotte a toujours le mot pour rire.

CLITANDRE.

Allez, Monsieur le Bailli ; je n'aurai besoin ni
de vos assignations , ni de vos sommations :
comptez-vous pour rien les yeux d'Isabelle ?

AIR.

ISABELLE.

En te donnant ma foi ,
A tes soins je confie
Le bonheur de ma vie :
Il dépendra de toi.

CLITANDRE.

Non, non ; c'est de ton cœur
Que mon sort va dépendre.
S'il est constant & tendre,
Il fera mon bonheur.

ENSEMBLE.

En te donnant ma foi ,
A tes soins je confie
Le bonheur de ma vie :
Il dépendra de toi.

(*Vivement.*)

Monsieur le Notaire s'endort.

LE NOTAIRE, *prenant vîte un verre.*

Moi ? point : je bois.

CLITANDRE

Si fait, fi fait. Vous pouvez vous retirer Meſ-
ſieurs. Sans façon, ne vous gênez pas.

LE CHIRURGIEN, *ſe levant avec le reſte*
des convives.

Monſu lé Marié a raiſon; il ne faut pas nous
gêner *ſandis.* Et puiſque nous ſommes d'une nôce, nous prétendons danſer juſqu'au jour avec
Madame la mariée.

CLITANDRE.

Juſqu'au jour? le bourreau!.... Oubliez-vous
que cette chambre donne ſur la rue? que les voi-
ſins peuvent ſe douter de la vérité, en inſtruire
mon oncle, qui n'eſt qu'à quatre lieues, & qu'il me
déshéritera.

LE MAGISTER.

Ah! mes amis, cette raiſon mérite quelque
conſidération. Et nous allons en conſéquence....

CLITANDRE.

Vous retirer?

LE MAGISTER.

Point. Nous allons danſer dans une chambre
plus reculée. *Primò,* je m'empare de la mariée.

CLITANDRE, *à part.*

Euh ! le traître!

LE CHIRURGIEN.

Et moi *dé Monsu lé* Bailli & de sa chere petite famotte. Lon lan la.

LE NOTAIRE.

Et moi des bouteilles.

ISABELLE, *qu'on entraîne.*

Attendez donc mon mari. Je ne veux danser qu'avec lui.

(*Ils sortent en dansant. On voit Simon qui avance la tête hors d'une coulisse pour regarder. Suzon & Jeannot portent la table sur un côté du Théâtre.*)

SCENE II.

SIMON, CLITANDRE, JEANNOT, SUZON.

(Simon se glisse tout doucement après avoir vu sortir les couvives.)

SIMON.

Bon : voilà mon fripon de neveu ; écoutons.

(Il se cache dans une autre coulisse.)

CLITANDRE.

Les cruels! plus ils s'apperçoivent des chagrins qu'ils me causent, plus ils se font un barbare plaisir de l'augmenter. .... Suzon, Jeannot, vous êtes mes vrais amis.

JEANNOT, *d'un air bête.*

Oh dame! pour ce qui est en cas de ça.

SUZON.

Pour vous le prouver, nous allons bien danser à votre nôce. Viens, Jeannot. Tan lan la.

CLITANDRE, *les arrêtant.*

Vous danserez une autre fois..... vous pouvez me rendre un service très-important. Oh! oui,

très-important ! Toi, ma chere Suzette, va dire à
ma femme que j'ai un secret de la derniere con-
séquence à lui confier.

SUZON.

Oui, oui...... (*Revenant d'un air malin.*)
Gageons que je me doute à-peu-près....

CLITANDRE.

Eh! pars, ma chere enfant : je te donne gagné.
Toi, mon cher Jeannot, dès que ma femme sera
sortie, ferme vîte la porte de la chambre où sont
mes importuns.

JEANNOT, *riant.*

Ah! ah! le tour sera drôle..... (*Revenant.*) Not'
Maître, faut-il farmer à double tour?

CLITANDRE.

A triple, si tu peux.

JEANNOT, *revenant.*

Not' Maître, quand je farmerons la porte à
triple tour, faut-il que vos importuns soyont dedans ou dehors?

CLITANDRE.

Eh! dedans, imbécille! qu'il est bête!

JEANNOT.

AIR.

Depuis qu'auprès d'Isabelle
Vos amis font sentinelle,
Pourquoi donc endéver tant ?
Ah ! je devinons , je gage.
Plus l'on guette le fromage,
Plus le chat en eft friand.

CLITANDRE, *lui donnant un coup de pied au derriere.*

Eh ! cours vîte où je t'envoie : double le pas. Tout le monde s'eft donné le mot pour me défespérer.

SIMON, *avançant un peu fur la Scene.*

Tu n'es pas au bout. Je ne fuis pas ici pour rien.

CLITANDRE.

Comme le cœur me bat !.... Suivons d'un peu loin pour voir s'ils réuffiront.... Je fuis fur les népies.

SCENE III.

SIMON, *seul.*

L'ON m'a dit vrai. Voilà mon drôle marié fans mon confentement. Ah! je lui apprendrai! je lui apprend.... Quoi! que lui apprendras-tu? à fe démarier? le fecret ferait beau; & tu aurais bon nombre de pratiques. Ma foi, puifque la folie eft faite, il faut m'en amufer le mieux qu'il me fera poffible. J'ai médité là en écoutant mon pendart un tour de vieux malin, qui ne l'amufera pas à la vérité, mais qui me fervira à éprouver fon caractere & celui d'Ifabelle; qui me vengera du Bailli & de fa femme; & qui me divertira, voilà l'effentiel. Allons, morbleu! n'engendrons pas de mélancolie.

AIR.

L'amour & fes plaifirs charmans
Ne font plus mon partage;
Mais un doux badinage
Confole mes vieux ans.
On peut rire à tout âge:
Nargue des cheveux blancs.

Chut. Le voici. (*Il éteint les bougies.*)

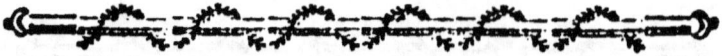

SCENE IV.

SIMON, CLITANDRE.

CLITANDRE.

J'AI vu de loin Suzon qui parlait à sa maîtresse...... O Dieux ! j'entends marcher..... Serais-je assez heureux?...

(Il écoute.)

A I R.

C'est Isabelle;
Mon cœur me le dit.

SIMON.

Chit, chit, chit.

CLITANDRE.

C'est Isabelle ;
Mon cœur me le dit,
En s'élançant vers elle.

(Il entend rire Simon)

En vain tu ris de mon tendre embarras.
L'Amour, que j'implore,
Va bien-tôt enchaîner tes pas,
Avec les fleurs qu'il fait éclore.
Sur tes yeux il mettra son bandeau ;
Et je serai guidé par son flambeau.

(I.

(*Il pourfuit Simon qui le fuit, & le prend enfin par la main.*)

Ah! je te tiens enfin!
Et je puis couvrir cette main
De mes baifers pleins de flâme.
Viens, viens, ma chere femme....
Ciel! c'eft un homme! Eh! Jeannot!
De la lumiere au plutôt.

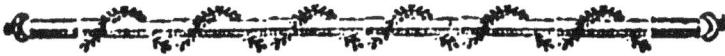

SCENE V.

CLITANDRE, SIMON, JEANNOT

qui apporte vîte de la lumiere : tous trois reftent dans une attitude différente.

CLITANDRE.

AIR.

QUEL cruel deftin m'accable!

JEANNOT.

Ciel! quel objet effroyable!

SIMON.

Tous deux ont cru voir le Diable.

JEANNOT, *à Clitandre.*

Hélas!

CLITANDRE, *à Jeannot.*

Hélas!

B

SIMON, *à part.*

Je ne puis m'empêcher de rire.

CLITANDRE, JEANNOT.	SIMON.
Qu'allons-nous dire,	Que vont-ils dire,
Pour sortir d'embarras ?	Pour sortir d'embarras ?

SIMON.

Allons, gai, Monfieur le marié. Qu'eft-ce? vous faites une trifte mine.

CLITANDRE.

Je tombe à vos genoux.

SIMON.

Vous plaifantez. Eft-ce parce que vous vous êtes marié fans mon confentement ? Bon! bon! vous ne me devez pas le moindre égard.

CLITANDRE.

Je vous dois tout; mais je n'ai écouté que la voix de la tendreffe. Un amant raifonne-t-il auprès d'une maitreffe charmante?

AIR.

Ifabelle
A des piquans attraits
Le teint brillant & frais,
Une vive prunelle.

Dès qu'on la voit un inftant
    Seulement,
    On foupire,
    On defire.
Le petit Dieu malin
Sur fa bouche refpire,
Et folâtre fur fon fein.

❦

SIMON, *à part.*

Ah! le fripon! comme il en tient!.... (*Haut*)
Bah! propos d'amant : ne voulais-je pas aufli vous
donner une femme charmante ? & qui n'a pas été
élevée à Paris comme votre Ifabelle ; voilà l'effentiel..... Mon neveu, un Provincial qui ferait à Paris fa provifion de vin ne vous paraîtrait-
il pas un fot?

CLITANDRE.

Oui, mais. . . .

SIMON.

Point de mais.

AIR.

    Le vin
D'un feu divin
    Pétille ;
Et le cœur
D'un altéré buveur

                    B ij

Sautille ,
Voyant fon coloris flatteur.
Si l'on ne peut fe défendre
De fe rendre
Aux attraits du nectar enchanteur ,
Il faut en faire emplette
Dans un terroir de Paris écarté ;
Il n'eft pas frelaté.
L'on rifque moins qu'il vous porte à la tête.

(*Malignement.*)

A l'application , mon doux neveu.

CLITANDRE.

Ah ! fi vous connaiffiez la vertu d'Ifabelle.

SIMON.

Oh bien ! je vous en félicite ; mais vous vous êtes paffé de mon confentement : paffez-vous auffi de mon amitié & de mon bien. Adieu.

CLITANDRE.

Ah ! mon oncle , arrêtez.

SIMON, *courant par le Théâtre.*

Non.

JEANNOT, *le fuivant.*

Monfieur !...

SIMON.

Paix.

CLITANDRE.

De grace!

SIMON. ,

Je suis outré.

JEANNOT.

Un mot.

SIMON.

Je suis furieux!

CLITANDRE.

Vous me défespérez.

SIMON.

Voilà qui est terrible! vous êtes un ingrat, un mauvais cœur, un.....que sçais-je?...(*Bas en riant*)...Courage! je crois entendre feu mon pere, quand il me grondoit.

CLITANDRE.

Croyez que j'ai confervé pour vous tous les fentimens qui vous font dus. Et si vous doutez de mon refpect, de ma foumiffion, de ma reconnaiffance....

SIMON.

Eh bien?

CLITANDRE.

Mettez-les aux plus fortes épreuves, vous me trouverez digne de vous.

SIMON, *bas.*

Bon...... (*Haut.*) Propos en l'air. Je gage que si j'exigeais la moindre bagatelle, oui la moindre. . . .

CLITANDRE.

Ah! que dites-vous? ordonnez.

SIMON, *à part.*

Il s'enferme. . *haut.* Voyons donc, prends garde à ce que tu feras. Je vais te demander une simple complaisance : si tu refuses, tu perds pour toujours ma tendresse & mon héritage.

JEANNOT, *attendri.*

Son héritage ! ah !

CLITANDRE.

Ordonnez, je vous le répète.

SIMON.

Ordonnons donc.... Je dois partir demain...,

CLITANDRE, *troublé.*

Vous voulez peut-être que je vous accompagne ?

SIMON, *affectant beaucoup de bonté.*

Non, non : peste ! je ne fuis pas affez cruel pour mettre quatre lieues entre deux nouveaux mariés.

CLITANDRE.

Ah ! vous me raffurez.... Que vous êtes bon !

SIMON, *à part.*

Tu vas changer d'avis... *haut.* Je veux partir au point du jour, &....

CLITANDRE, *vivement.*

Je vous devine : vous voulez vous repofer : vîte un lit pour mon oncle.

JEANNOT, *courant.*

Un lit. Un lit.

SIMON, *arrêtant Jeannot.*

Doucement ; point de lit, point de lit. Je ne veux pas me coucher, & j'efpere que tu me feras compagnie.

CLITANDRE, *dans la plus grande furprife.*
Moi ?

SIMON.

Oui ; nous jaferons. Nous ferons des contes

plaifans. Va, nous nous amuferons comme des Rois.

CLITANDRE, *embarraffé.*

Mon oncle.... fongez qu'un jour de mariage....

SIMON.

Eh bien! ne voila-t-il pas le neveu foumis, complaifant? Déshérité : ferviteur.

CLITANDRE, *d'un ton affectueux.*

Mon cher oncle, permettez-moi du moins d'aller dire à ma femme que vous êtes ici, & que....

SIMON.

Point! la pefte! nous fommes loin de compte! J'exige au contraire que tu ne répondes aux perfonnes qui viendront, foit ta femme, ou toute autre, que par deux mots.... que je choifirai.

CLITANDRE, *vivement.*

Deux mots! Rien que deux mots à ma femme; lorfque j'ai tant de chofes à lui dire. Ah!...

SIMON, *froidement.*

Vois.

CLITANDRE, *après un moment d'abattement.*

Eh!... quels font ces deux mots?

SIMON, *à part.*

Il faut les choisir bien foux, bien extravagans ›
bien burlesques, la plaisanterie sera plus forte....
(*Haut*). Ces mots pleins de douceur, pleins d'é-
loquence, font....

CLITANDRE.

Sont ? achevez, de grace !

SIMON.

.Mais.... c'est que tu vas les admirer.

CLITANDRE.

Voyons donc.

SIMON.

Ces mots font. ... Devine.

CLITANDRE.

Eh ! par pitié.

SIMON, *gravement.*

Sont, ziste, zeste.

CLITANDRE, *étonné,*

Ziste ! zeste !

SIMON.

AIR.

Ah ! ah ! comme il enrage,
Notre Marié !

CLITANDRE.

Vous plaifantez, je gage.

SIMON.

Non : ziſte, zeſte, ou plus d'amitié.

CLITANDRE.

Quel langage
Pour un jour de mariage !

SIMON.

Ziſte, zeſte, ou plus d'héritage :
Ah ! comme il enrage,
Notre Marié !

❧

Vous balancez ? Serviteur.

CLITANDRE.

Un moment.... Quel parti prendre ?.... (*D'un air myſtérieux à Jeannot*). Jeannot, fais-moi le plaifir d'aller raconter à ma femme tout ce qui ſe paſſe.

JEANNOT, *fort haut en riant.*

C'eſt bian imaginé ! J'allons li tout dégoiſer, & cela l'empêchera de s'ennuyer.

CLITANDRE.

Paix donc : Ah le coquin !

SIMON, *arrêtant Jeannot.*

Alte-là. J'exige encore que tu ne ſortes pas, &

que tu ne répondes à tous ceux qui viendront que par ces deux mots, pif, pon : je te donnerai cent écus pour épouser Suzon.

JEANNOT.

Cent écus! cent écus! Allons, Monsieur, faisons ronfler le zifte, zefte ; le pif, & pon. Nos belles nous en aimeront mieux quand nous serons riches.

CLITANDRE, *à part.*

Il a raison. D'ailleurs, pourrais-je sans fortune faire le bonheur de ce que j'aime?.... (*Avec effort à Simon.*) Disposez du sort de votre neveu.

SIMON.

Bon cela.....(*Malignement.*) Prépare-toi, j'entends venir quelqu'un.

CLITANDRE, *troublé.*

O Ciel !

JEANNOT.

Ce n'est encore que Suzon.

SIMON.

Gardez-vous bien de laisser échapper aucun autre mot. Pour en être certain, je vais me cacher sous cette table. Lorsque je paraîtrai vous pourrez parler.

JEANNOT.

Nous n'y manquerons pas.... (*Sautant de joie.*) Cent écus! cent écus! pour dire pif, pon. Quel plaisir!

CLITANDRE.

Zifte, zefte.... Ah quel supplice! Pourrai-je y résister?

SCENE VI.

Les Acteurs précédens, SUZON.

SUZON, *accourt toute joyeuse.*

MOnsieur, Monsieur, réjouissez - vous ; le Bailli & sa femme ont été se coucher, j'ai enfermé à triple tour vos importuns dans la grande salle ; & Madame est dans sa chambre.... Elle soupire.... Elle rêve.... Elle sourit.... Tout cela lui sied bien. Je ne la vis jamais si belle.

CLITANDRE, *soupirant.*

Zite.

SUZON, *surprise.*

Oh ! oh!.... Jeannot , que veut dire ton maître ?

JEANNOT, *avec un grand sérieux.*

Pif.

SUZON, *la main levée.*

Ah ! cesse de faire le plaisant, ou bien....

JEANNOT.

Pon.

S U Z O N, *lui donnant un soufflet.*

Tiens, voilà pour ta récompense.... Et vous, Monsieur, est-ce que vous n'aimez plus Madame ? Le contrat aurait-il déja produit son effet ?

C L I T A N D R E, *comme pour lui dire non.*

Zeste.

S U Z O N.

La sotte bête qu'un époux! Et qu'on fait mal d'en prendre !

A i r.

Avant d'entrer en ménage,
Sans cesse il faut leur répéter :
Paix ! soyez moins vif, soyez sage :
D'abord après le mariage,
L'on enrage
De n'avoir plus à répéter :
Paix, soyez moins vif, soyez sage.

Mais à bon chat
Bon rat :
Le sexe n'est point ingrat.

Je vais faire part à Madame de mes petites réflexions. (*Clitandre & Jeannot troublés veulent l'arrêter en lui disant : pif, zeste.*) Vous m'arrêtez fort inutilement ; je sçaurai bien appeller Madame d'ici. Madame ! Madame ! Accourez vîte, Madame !

SCENE VII.

Les précédens Acteurs, ISABELLE.

ISABELLE, *allarmée.*

QU'EST-CE, Suzon? pourquoi cries-tu fi fort? Mon mari fe trouve-t-il mal?

SUZON, *regardant Clitandre avec un petit air de dédain.*

Ma foi, Madame, je ne fçais comment il fe trouve ; voyez vous-même : pour moi je vais vous amener nombreufe compagnie.

SCENE VIII.

Les Acteurs précédens, *excepté* SUZON.

ISABELLE.

CLITANDRE, que signifient les paroles de Suzon, & l'air que je te vois?.... Quoi! tu ne me
dis rien ?.... Cher époux! tu sçais combien je
t'aime; tu sçais que tu me donnerais la mort, si tu
cessais de m'aimer. Rassure-moi d'un mot. Dis-
moi que ton amour....

CLITANDRE *veut parler; il regarde son oncle
qui le menace en le tirant par l'habit: il dit
très-tendrement.*

Zeste.

ISABELLE, *étonnée.*

Zeste.... Veux-tu m'annoncer par-là que ton
amour s'est envolé ?

CLITANDRE, *vivement, comme pour la
rassurer.*

Ziste! zeste!

ISABELLE.

ISABELLE.

Volage ! Je t'entends de reſte. Ne te fais pas un barbare plaiſir de me répéter mon Arrêt.

SIMON, *riant ſous la table.*

Le voilà dans la criſe.

ISABELLE.

A !

Combien de fois, infidele,
A mes pieds, en ſoupirant,
M'as-tu dit : « chere Iſabelle,
» C'eſt trop peu d'être conſtant.
» Ce ruiſſeau groſſit ſans ceſſe,
» En ſuivant ſon heureux cours ;
» C'eſt ainſi que ma tendreſſe
» Augmentera tous les jours » !
Ingrat ! je meurs, quand j'y penſe.
Qu'eſt devenu ce feu ſi beau ?
Seulement par l'inconſtance
Tu reſſembles au ruiſſeau.

JEANNOT, *pleure.*

Pif, pon.

(*Clitandre ſe jette aux pieds d'Iſabelle : il regarde en ſoupirant tantôt vers ſon oncle, tantôt vers ſa femme. Il ſe releve en voyant paroître le reſte des*

C

acteurs conduit par Suzon. *Le Bailli & sa femme
sont en déshabillé de nuit, les autres sont ivres.*)

SCENE IX. et DERNIERE.

TOUS LES ACTEURS.

LES CONVIVES, *ivres.*

Qu'est-ce que tout ça? Qu'est-ce que tout ça?

LA FEMME DU BAILLI.

Ah ! jour de Dieu ! j'apprends de belles nou-
velles !

SIMON, *bas.*

Bon : voici la compagnie que j'attendais.

LE BAILLI.

De la douceur, petite famotte ; de la modé-
ration.

LA FEMME DU BAILLI, *caressant son mari.*

Oui, mon petit chouchon, vous allez voir....
(*Furieuse.*) Répondez, beau mari de neige. Par-
bleu ! vous êtes un plaisant original ! Avez-vous
épousé notre fille pour la mépriser.

CLITANDRE, *poliment, comme pour lui assurer le contraire.*

Zifte.

LA FEMME DU BAILLI.

Qu'est-ce à dire, zifte? Sçavez-vous que je vous arracherai les yeux, que je vous étranglerai.

LE BAILLI.

Tout beau, famotte! tout beau! Dieu merci, j'ai de l'éloquence; il n'y résistera pas.... Or sus, mon gendre, vous connoissez toutes les loix : citez-m'en une qui vous autorife.

CLITANDRE *le repousse avec impatience.*

Zefte !

LE BAILLI.

Oh ! oh! cet homme est fou.

LA FEMME DU BAILLI.

Voyez, voyez comme il s'agite, comme il a l'œil égaré!

LE CHIRURGIEN.

Il n'y a, fandis ! qu'à le feigner bien vîte au milieu du front.

LE MAGISTER.

Non, il faut le mettre fous ma discipline. Je le.... fuffit.

LE BAILLI.

Faifons mieux. Prenons acte de fa folie M. le Notaire, & l'on fera caffer fon mariage.

(*Le Notaire va écrire au bout de la table , on avance pour figner , Clitandre furieux faifit le papier, & le déchire.*)

SUZON.

Madame, chargez-vous du maître, je vais frot- ter le valet comme il faut. Parle fripon , parle fripon.

JEANNOT, *fuyant.*

Pif, pon.... (*Il tourne autour de la table en fai- fant figne de regarder deffous ; enfin, impatienté des coups de Suzon , il renvoye la table en feignant de fuir, découvre Simon, & s'écrie.*) Il a paru, nous pouvons parler.

SUZON, *faifant un cri.*

Ah ! voilà le Sorcier qui les enforcelait.

(*Tous les Acteurs font tableau fur un côté du Théâ- tre. Simon refte quelque tems dans la pofture où il étoit fous la table , il rit de leur furprife.*)

LA FEMME DU BAILLI.

Comment donc ! c'eft M. Simon.

SIMON.

Eh vraiment oui, c'eſt moi, ah! ah! c'eſt donc
ainſi que vous me priez de la noce?

CLITANDRE, *ſe précipitant aux pieds de la femme, dit fort vîte :*

Chere épouſe! je puis enfin parler, & te dire,
combien je t'aime.... Combien je t'adore....
Mon cœur.

ISABELLE.

Laiſſe-moi, volage, je ne veux plus te voir.

CLITANDRE.

Mon oncle, elle me fuit !

SIMON.

La, la, ma belle mariée, ne boude plus mon
neveu, c'eſt moi qui l'ai forcé à tout ce qu'il a
fait. Vous ſçaurez mes raiſons. En attendant j'em-
braſſe la petite, elle a montré de la douceur dans
un moment où plus d'une femme aurait ſurement
fait le diable à quatre.... Qu'en dit Madame la
Baillive, ce cher petit mouton. (*Il lui paſſe la
main ſous le menton.*)

LA FEMME DU BAILLI.

Laiſſez-moi tranquille, vieux fou, le voilà
bien content, il a fait des ſiennes.

SIMON.

Et M. le Bailli, chouchou ?

LE BAILLI.

Toujours le même.

SIMON.

Touchez là, mes amis; je suis arrivé trop tard pour la nôce : eh bien ! je serai du lendemain, il vaut quelquefois mieux. Pour payer la malice que j'ai faite aux amans, je leur donne mon consentement & mon bien. Voilà encore les cent écus que j'ai promis à Jeannot pour épouser Suzon. Et vive la joie !

SUZON, *s'emparant de la bourse.*

Ah ! M. Simon ! permis à vous d'avoir des caprices. Vous les payez si bien !

ISABELLE.

AIR.

Je puis te nommer mon époux.

CLITANDRE.

Que mon sort est beau ! qu'il est doux !

ISABELLE.

De plaisir mon cœur palpite.

CLITANDRE.

Sens le mien ; comme il s'agite!

ISABELLE.

Ah! ah! quel moment!

CLITANDRE.

Quel raviſſement!
O Dieu de la tendreſſe,
Fais durer notre ivreſſe
Sans ceſſe.

LA FEMME DU BAILLI, *tendrement au Bailli.*

Ah! quelle douceur!

LE BAILLI, *à ſa femme.*

Quel inſtant flateur!

LES AMANS.

Qu'il eſt enchanteur!

TOUS LES ACTEURS.

O Dieu de la tendreſſe
Fais durer leur ivreſſe
Sans ceſſe.

LE MAGISTER.

(*On croit tout fini, quand il s'écrie :*)

Eh! mes amis! je me rappelle la fin de l'épithalame.

CLITANDRE.

Oh! ç'en eſt trop enfin.

C iv

LE NOUVEAU MARIÉ,

LE MAGISTER.

Hymen, Amour,
Réuniffez-vous en ce jour :
Defcendez de la voûte célefte.

❧

CLITANDRE.

Quoi ! ils font encore fi loin ! nous allons au-
devant d'eux.

*(Le Magifter veut continuer ; Suzon & Pierrot
lui ferment la bouche.)*

ISABELLE.

Largo.

En te don-nant ma foi, A tes

foins je con-fi-e Le bon-heur de ma

vi-e: Il dé-pen-dra, Il dé-pen-

dra, Il dé-pen-dra de toi, Il

dé-pen-dra, Il dé-pen-dra de

Cl. tant e.

toi. Non, non; c'eſt de ton

cœur que mon ſort va dé-pen-dre; S'il eſt conſ-

tant, & ten-dre, S'il est conf-

tant & ten-dre, Il fe - ra, il fe - ra

mon bon-heur; Il fe - ra,

il fe - ra mon bon - heur.

ISABELLE.

Duo.　En te donnant ma foi, A tes

CLITANDRE.

En te donnant ma foi, A tes

foins je con-fi - e Le bon-heur de ma

foins je con-fi - e Le bon-heur de ma

vie : Il dé-pen-dra de toi, Il

vie : Il dé-pen-dra de toi, Il

dé-pen-dra de toi, Il dé-pen-

dé-pen-dra de toi, Il dé-pen-

dra de toi, Il dé-pen-dra de

dra de toi, Il dé-pen-dra de

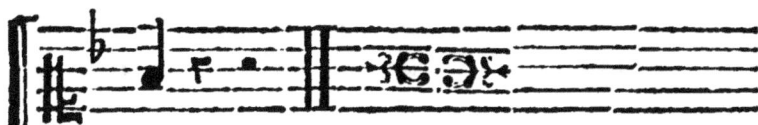

toi.

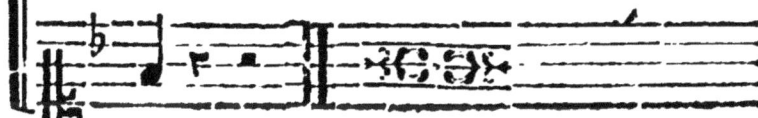

ANDANTE.

DE-PUIS qu'auprès d'I-fa-

bel-le   Vos a - mis font fen - ti - nel-le,

Pour-quoi donc en-dé-ver   tant? Ah! je

de-vi-nons, je   ga - ge;   Ah!   je

ga - ge. Plus l'on   guet-te le   fro-

ma-ge, le   fro - ma - ge, Plus le

chat en eft fri - and; Plus l'on guet-te le fro-

ma-ge, Plus le chat en est fri - and; Plus l'on

guet-te le fro - ma-ge, Plus le chat en est fri-

and, Plus le chat en est fri - and, Plus le

chat en est fri - and, Plus le chat,

plus le chat en est fri - and, Plus le

chat en est fri - and. De - puis

qu'auprès d'I - fa - bel - le Vos a-

mis font fen - ti - nel - le, Pourquoi donc end é - ver

tant? Ah! je de - vi - nons, je ga - ge;

Ah! ah! je ga - ge. Plus l'on

guet - te le fro - ma - ge, Plus le

chat en eſt fri - and; Plus l'on guet-te le fro-

ma-ge, Plus le chat en eſt fri - and; Plus l'on

guet-te le fro - ma-ge, Plus le chat en eſt fri-

and; Plus le chat en est fri-and, Plus le

chat en est fri - and, en est fri-

and, en est fri - and.

APPROBATION.

J'AI lû par ordre de Monseigneur le Chancelier
le *Nouveau Marié, Opéra Comique*, & je crois qu'on
peut en permettre l'impression. A Paris, ce 3 Oc-
tobre 1770,   MARIN.

De l'Imprimerie de la Veuve Simon & Fils, Imprimeur-Libraires de S. A. S.
Monseigneur le Prince de Condé, rue des Mathurins, 1772.

www.ingramcontent.com/pod-product-compliance
Lightning Source LLC
LaVergne TN
LVHW022213080426
835511LV00008B/1745